FRANZ SCHUBERT

IMPROMPTUS

Opus 90 (D 899), Opus 142 (D 935)

MOMENTS MUSICAUX

Opus 94 (D 780)

Herausgegeben von / Edited by

Walter Niemann

EDITION PETERS

LEIPZIG · LONDON · NEW YORK

INHALT / CONTENTS

IMPROMPTUS op. 90 (D 899)

MOMENTS MUSICAUX op. 94 (D 780)

IMPROMPTUS op. 142 (D 935)

IMPROMPTUS, Opus 90 (D 899)

MOMENTS MUSICAUX, Opus 94 (D 780)

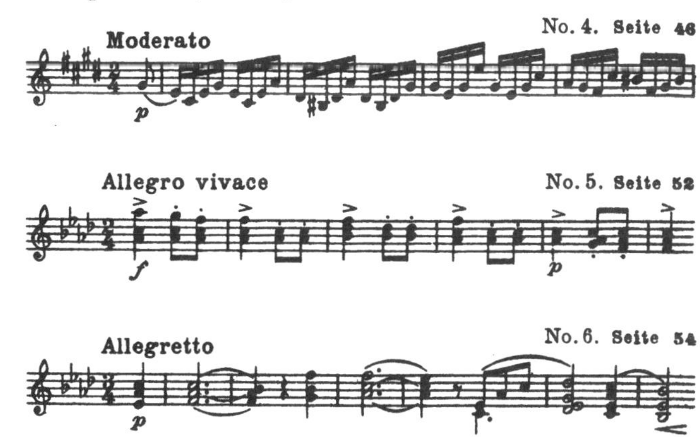

IMPROMPTUS, Opus 142 (D 935)

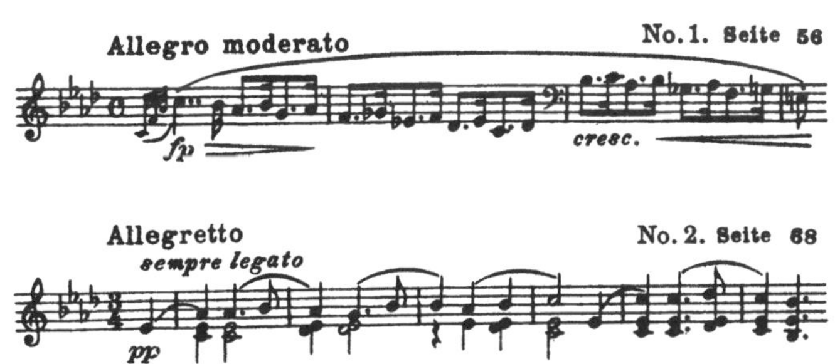

IMPROMPTUS

⟨1827⟩

Franz Schubert (1797-1828)
op. 90

sf
sf
p
pp
legato
p
p
mf
decresc.
pp
p

pp
mf
f
mf
p
pp

pp
cresc.
f
p
pp
cresc.
f
ff
f
p
pp

cresc.
f
cresc.
sf
pp
cresc.
f
cresc.
ff

decresc. p pp

dimin. pp

cresc. decresc. pp

f
decresc.
p
pp

pp
cresc.
f
decresc.
p
pp
cresc.
f
decresc.
pp

cresc.
p
f
ff
fp
ff
fp
f
p
pp
ppp
fp
ppp
cresc.
p

Allegro
2.
p sempre legato
f
cresc
f
pp

fp
fp
decresc.
p
cresc.
f
cresc.

ben marcato

ffz
p
ff
f
fz
ffz
p
f

p
ffz
p
ffz
p
f
p
cresc.
fz
fz
fz
decresc.
p sempre legato
f

cresc.
f
pp
fp
fp
decresc.

p
cresc.
f
cresc.
ff
sf
ff

ff
ff
ff accelerando
fz
fz
fz
fz
fz
fz

*) Die früher gebotene Fassung in G-dur entspricht nicht dem Schubert'schen Original.

*) The annotation in G-major, such as published till now, does not agree with Schubert's original.

*) L'annotation en Sol majeur, que nous avons publiée jusqu'ici, ne répond pas à l'original de Schubert.

pp
dim.
cresc
cresc.
pp
dim.

f
fz
fz
decresc.
p
R. H.
f
decresc.
p
pp
decresc.
pp
ppp
fz
p
fz

pp
fz
fz
pp
cresc.
f
fz
fz
p
f
f
fz
fz
fz
fz
p
rall.
pp

cresc.
fz
rall.
pp
cresc.
p
R. H.
p

cresc.
pp
dim.
cresc.
fp
pp
dim.
cresc.

fz
p
pp
cresc.
cresc.
ffz
p
pp
dim.
ppp
rall.

Allegretto
4.
pp
f

p
pp
cresc.
pp
cresc.
pp
cresc.

f
cresc.
ff
fz
fz
fz
decresc.
p
pp

p
cresc.
p
f
cresc.
ff
decresc.

Trio
p
cresc.
ffz
ffz
p
p
cresc.
f decresc.
p
cresc.

f
decresc.
p
cresc.
f
cresc.
ffz
ffz
decresc.
p
pp

p
dim.
pp

f
p
pp
cresc.
pp
cresc.
pp

cresc.
8
f
8
cresc.
8
ff
fz
fz
fz
decresc.
p
pp

p
cresc.
p
f
cresc.
ffz
ff

MOMENTS MUSICAUX

⟨Erschienen 1828⟩

Op. 94

p
legato
pp
cresc.
f
pp
p

pp
dimin.
p
cresc.
f
p
fz
decresc.
1

p
pp
cresc.
fp
Andantino
2.
p
fp
p
pp
fp
pp
cresc.
f
p

pp
cresc.
pp
p
legato
pp
rit.
a tempo
p
pp
cresc.
pp

f
dim.
p
pp
p
legato
pp
rit.

a tempo
pp
pp
f
p
pp
3.
Allegro moderato
p

f
p
pp
ppp
dimin.
dimin.
perdendosi

Moderato
4.
legato
p
staccato
dimin.
pp

f
pp
dimin.
pp

pp
cresc.
pp
cresc.
pp

cresc.
pp
(♮?)
cresc.
pp
rit.
pp
cresc.
1.
2.
pp
mf
pp

legato
p
staccato
dimin.
pp
p
f

pp
dimin.
pp
Coda
ppp
ritard.

5.
Allegro vivace
f
p
fz
cresc.
ff
pp

cresc.
cresc.

Allegretto
6.
p
fp
f
pp
mf
cresc.

pp
f
f
ff
p
fp
pp
Fine
Trio
pp
f
pp
poco rit.
a tempo
Allegretto d. C.

IMPROMPTUS

⟨1827⟩

Op. 142

cresc.
f
f
fz
fz
ff
fp
decresc.
p

pp
sempre legato
p
legato
espr.

sempre legato
decresc.
m. sinistra
appassionato
pp
sin.
cresc.
decresc.
fp

pp
cresc.
decresc.
mf

decresc.
cresc.
decresc.

pp
dimin.
cresc.
fp
cresc.
fz
p
f
f
fz
p

cresc.
f
pp
cresc.
f

f
fz
fz
ff
fz
decresc.
p
pp
sempre legato
p

legato
espr.
legato
decresc.
pp
sin.
cresc.

decresc.
mf
f
fz
fz
fp
decresc.
p
pp

cresc.
decresc.
pp
dimin.
cresc.
f
cresc.
fz
p
pp

Allegretto
sempre legato
2.
pp
f
ff
ffz
p poco rit.
ffz
p
pp
pp
Trio
legato
p
decresc.
pp

cresc.
ff
fz
p
decresc.
pp

decresc.
sempre legato
pp
f
ff
ffz
p
poco rit.
ffz
p
pp
pp

ritard.
cresc.
p
Thema
Andante
3.
p
mf
decresc.
p
cresc.
p
pp
dim.

Var. I
legato
pp
cresc.
p
p

a)

legato
decresc.
dimin.
Var. III

fp
fp
f

f
pp
cresc.
f
p
1.
2.
decresc.
pp
Var. IV
p
f
8

8
p
f
p
cresc.
f
8
1.
p
8
2.
decresc.
pp
dimin.

Var. V.
pp
f
p

p
pp
tr.
f
p
p
decresc.
ritard.
Più
pp
lento
sf
fp
pp

Allegro scherzando
4.
p
f
p
f
p
f
cresc.
fz

ritard.
a tempo
cresc.

pp
cresc.
f
p

con delicatezza
cresc.

pp
cresc.
fp
fp
cresc.
f
p

f
ff
dim.
p
cresc.
fz
dim.
p
f
p

p
f
p
p
f
p
f
ff
decresc.
p

p
pp
pp
dimin.

a tempo
cresc.
p
f
p
f
p
f
p
f
p
cresc.

ritard.
a tempo
cresc.

tr
fz
decresc.
pp
fp

pp
f
p
pp
dimin.
2
Più presto
ff
8
ff
8
8
L.